MEIN ERSTES Schuljahr

GÄSTE- UND ERINNERUNGSBUCH
VON DER EINSCHULUNG BIS ZUM 1. ZEUGNIS

Ich bin

BIS ZUM SOMMER,
WAR ICH NOCH IM KINDERGARTEN

KLEBE HIER EIN BILD
VON DEINER
KINDERGARTENGRUPPE EIN!

DAS WAR MEINE GRUPPE

UND DAS BIN ICH

KLEBE HIER EIN BILD
VON DIR AUS DEM
KINDERGARTEN EIN!

ALS KINDERGARTENKIND

MEIN NAME IST ________________________________ ,

ABER ALLE NENNEN MICH ________________________ .

WENN ICH GROSS BIN, WILL ICH ___________________ ,

________________ ODER ________________ WERDEN.

JETZT BIN ICH SCHON ________________ CM GROSS.

ICH HABE ________________ HAARE UND ________________ AUGEN.

MEINE LIEBLINGSFARBE IST ________________________

UND MEINE HOBBIES SIND ________________________

____ .

ICH ESSE AM LIEBSTEN ___________________________ .

AM BIN ICH GEWORDEN

UND AM WAR DANN MEINE EINSCHULUNG!

WAS FÜR EIN AUFREGENDER TAG!

ICH HABE MICH GEFÜHLT,

ABER DIE ANDEREN WAREN AUCH GANZ SCHÖN AUFGEREGT!

IN MEINER KLASSE SIND KINDER,

DAVON SIND MÄDCHEN UND JUNGS.

UND MEINE SCHULE HEISST

.

JETZT BIN ICH EIN SCHULKIND

KLEBE HIER EIN BILD
VON DIR MIT DEINER SCHULTUTE EIN!

DAS WAR ALLES IN MEINER SCHULTÜTE DRIN:

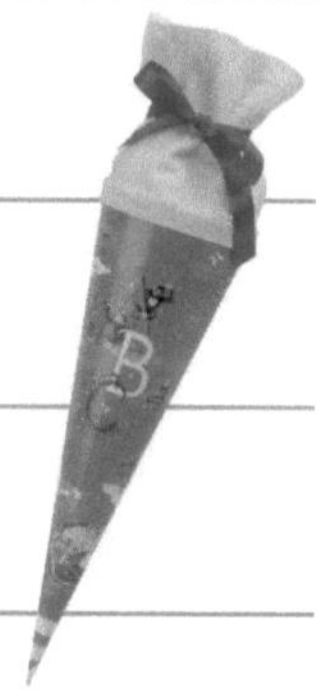

ICH HATTE AUCH EIN PAAR
GÄSTE

AUF DIESEN SEITEN
KANNST DU FOTOS VON DER
EINSCHULUNG EINKLEBEN.

VIELLEICHT SCHREIBEN DIR DEINE GÄSTE
JA AUCH NOCH EIN PAAR
GRÜSSE & WÜNSCHE DAZU.

AUF DIESEN SEITEN
KANNST DU FOTOS VON DER
EINSCHULUNG EINKLEBEN.

VIELLEICHT SCHREIBEN DIR DEINE GÄSTE
JA AUCH NOCH EIN PAAR
GRÜßE & WÜNSCHE DAZU.

AUF DIESEN SEITEN
KANNST DU FOTOS VON DER
EINSCHULUNG EINKLEBEN.

VIELLEICHT SCHREIBEN DIR DEINE GÄSTE
JA AUCH NOCH EIN PAAR
GRÜßE & WÜNSCHE DAZU.

AUF DIESEN SEITEN
KANNST DU FOTOS VON DER
EINSCHULUNG EINKLEBEN.

VIELLEICHT SCHREIBEN DIR DEINE GÄSTE
JA AUCH NOCH EIN PAAR
GRÜßE & WÜNSCHE DAZU.

AUF DIESEN SEITEN
KANNST DU FOTOS VON DER
EINSCHULUNG EINKLEBEN.

VIELLEICHT SCHREIBEN DIR DEINE GÄSTE
JA AUCH NOCH EIN PAAR
GRÜßE & WÜNSCHE DAZU.

AUF DIESEN SEITEN
KANNST DU FOTOS VON DER
EINSCHULUNG EINKLEBEN

VIELLEICHT SCHREIBEN DIR DEINE GÄSTE
JA AUCH NOCH EIN PAAR
GRÜßE & WÜNSCHE DAZU

AUF DIESEN SEITEN
KANNST DU FOTOS VON DER
EINSCHULUNG EINKLEBEN.

VIELLEICHT SCHREIBEN DIR DEINE GÄSTE
JA AUCH NOCH EIN PAAR
GRÜßE & WÜNSCHE DAZU

AUF DIESEN SEITEN
KANNST DU FOTOS VON DER
EINSCHULUNG EINKLEBEN.

VIELLEICHT SCHREIBEN DIR DEINE GÄSTE
JA AUCH NOCH EIN PAAR
GRÜẞE & WÜNSCHE DAZU.

AUF DIESEN SEITEN
KANNST DU FOTOS VON DER
EINSCHULUNG EINKLEBEN.

VIELLEICHT SCHREIBEN DIR DEINE GÄSTE
JA AUCH NOCH EIN PAAR
GRÜẞE & WÜNSCHE DAZU.

AUF DIESEN SEITEN
KANNST DU FOTOS VON DER
EINSCHULUNG EINKLEBEN.

VIELLEICHT SCHREIBEN DIR DEINE GÄSTE
JA AUCH NOCH EIN PAAR
GRÜßE & WÜNSCHE DAZU.

AUF DIESEN SEITEN
KANNST DU FOTOS VON DER
EINSCHULUNG EINKLEBEN.

VIELLEICHT SCHREIBEN DIR DEINE GÄSTE
JA AUCH NOCH EIN PAAR
GRÜßE & WÜNSCHE DAZU.

AUF DIESEN SEITEN
KANNST DU FOTOS VON DER
EINSCHULUNG EINKLEBEN.

VIELLEICHT SCHREIBEN DIR DEINE GÄSTE
JA AUCH NOCH EIN PAAR
GRÜßE & WÜNSCHE DAZU.

AUF DIESEN SEITEN
KANNST DU FOTOS VON DER
EINSCHULUNG EINKLEBEN.

VIELLEICHT SCHREIBEN DIR DEINE GÄSTE
JA AUCH NOCH EIN PAAR
GRÜßE & WÜNSCHE DAZU.

AUF DIESEN SEITEN
KANNST DU FOTOS VON DER
EINSCHULUNG EINKLEBEN

VIELLEICHT SCHREIBEN DIR DEINE GASTE
JA AUCH NOCH EIN PAAR
GRÜẞE & WÜNSCHE DAZU

AUF DIESEN SEITEN
KANNST DU FOTOS VON DER
EINSCHULUNG EINKLEBEN.

VIELLEICHT SCHREIBEN DIR DEINE GÄSTE
JA AUCH NOCH EIN PAAR
GRÜßE & WÜNSCHE DAZU.

AUF DIESEN SEITEN
KANNST DU FOTOS VON DER
EINSCHULUNG EINKLEBEN.

VIELLEICHT SCHREIBEN DIR DEINE GÄSTE
JA AUCH NOCH EIN PAAR
GRÜßE & WÜNSCHE DAZU.

AUF DIESEN SEITEN
KANNST DU FOTOS VON DER
EINSCHULUNG EINKLEBEN

VIELLEICHT SCHREIBEN DIR DEINE GÄSTE
JA AUCH NOCH EIN PAAR
GRÜSSE & WÜNSCHE DAZU

AUF DIESEN SEITEN
KANNST DU FOTOS VON DER
EINSCHULUNG EINKLEBEN.

VIELLEICHT SCHREIBEN DIR DEINE GÄSTE
JA AUCH NOCH EIN PAAR
GRÜSSE & WÜNSCHE DAZU.

AUF DIESEN SEITEN
KANNST DU FOTOS VON DER
EINSCHULUNG EINKLEBEN

VIELLEICHT SCHREIBEN DIR DEINE GÄSTE
JA AUCH NOCH EIN PAAR
GRÜẞE & WÜNSCHE DAZU

AUF DIESEN SEITEN
KANNST DU FOTOS VON DER
EINSCHULUNG EINKLEBEN.

VIELLEICHT SCHREIBEN DIR DEINE GÄSTE
JA AUCH NOCH EIN PAAR
GRÜßE & WÜNSCHE DAZU.

AUF DIESEN SEITEN
KANNST DU FOTOS VON DER
EINSCHULUNG EINKLEBEN.

VIELLEICHT SCHREIBEN DIR DEINE GÄSTE
JA AUCH NOCH EIN PAAR
GRÜßE & WÜNSCHE DAZU.

WAS WIR IN DER SCHULE SO MACHEN

AM ERSTEN TAG HABEN WIR:

ABER JETZT HABE ICH RICHTIGE UNTERRICHTSFÄCHER,

NÄMLICH:

DAS IST MEIN

KLASSENRAUM

KLEBE HIER EIN BILD VON DEINEM KLASSENRAUM EIN

HIER NOCH EIN PAAR EINDRÜCKE VOM MEINER SCHULE

KLEBE HIER EIN BILD VOM SCHULTOR,
DER SCHULE VON AUSSEN
ODER VOM PAUSENHOF EIN.

KLEBE HIER EIN BILD VOM
SCHULTOR,
DER SCHULE VON AUSSEN
ODER VOM PAUSENHOF EIN.

KLEBE HIER EIN BILD VOM
SCHULTOR,
DER SCHULE VON AUSSEN
ODER VOM PAUSENHOF EIN.

ABCDE
KLMNO
UVW

FGHIJ
PQRST
XYZ

1 2 3
4 5 6
7 8 9

DAS IST MEINE
KLASSE

KLEBE HIER EIN KLASSENFOTO
VON EUCH EIN!

DIE ANDEREN KINDER IN MEINER KLASSE HEISSEN:

UND AM LIEBSTEN MAG ICH:

DAS SIND MEINE
FREUNDE

HIER KANN DEIN FREUND
ODER DEINE FREUNDIN
EIN FOTO VON SICH EINKLEBEN.

VIELLEICHT HABT IHR JA SOGAR EINS,
AUF DEM IHR ZUSAMMEN DRAUF SEID?

MEIN NAME IST ,

ABER ALLE NENNEN MICH .

WENN ICH GROSS BIN, WILL ICH ,

ODER WERDEN.

JETZT BIN ICH SCHON CM GROSS.

ICH HABE HAARE UND AUGEN.

MEINE LIEBLINGSFARBE IST

UND MEINE HOBBIES SIND

.

MEIN GEBURTSTAG IST AM .

DAS SIND MEINE
FREUNDE

HIER KANN DEIN FREUND
ODER DEINE FREUNDIN
EIN FOTO VON SICH EINKLEBEN.

VIELLEICHT HABT IHR JA SOGAR EINS,
AUF DEM IHR ZUSAMMEN DRAUF SEID?

MEIN NAME IST ,

ABER ALLE NENNEN MICH .

WENN ICH GROSS BIN, WILL ICH ,

ODER WERDEN.

JETZT BIN ICH SCHON CM GROSS.

ICH HABE HAARE UND AUGEN.

MEINE LIEBLINGSFARBE IST

UND MEINE HOBBIES SIND

.

MEIN GEBURTSTAG IST AM .

DAS SIND MEINE
FREUNDE

HIER KANN DEIN FREUND
ODER DEINE FREUNDIN
EIN FOTO VON SICH EINKLEBEN.

VIELLEICHT HABT IHR JA SOGAR EINS,
AUF DEM IHR ZUSAMMEN DRAUF SEID?

MEIN NAME IST ______________________________,

ABER ALLE NENNEN MICH ______________________________.

WENN ICH GROSS BIN, WILL ICH ______________________________,

______________ ODER ______________ WERDEN.

JETZT BIN ICH SCHON ______________ CM GROSS.

ICH HABE ______________ HAARE UND ______________ AUGEN.

MEINE LIEBLINGSFARBE IST ______________________________

UND MEINE HOBBIES SIND ______________________________

______________________________.

MEIN GEBURTSTAG IST AM ______________________________.

DAS SIND MEINE
FREUNDE

HIER KANN DEIN FREUND
ODER DEINE FREUNDIN
EIN FOTO VON SICH EINKLEBEN.

VIELLEICHT HABT IHR JA SOGAR EINS,
AUF DEM IHR ZUSAMMEN DRAUF SEID?

MEIN NAME IST ______________________________ ,

ABER ALLE NENNEN MICH ______________________________ .

WENN ICH GROSS BIN, WILL ICH ______________________________ ,

______________________________ ODER ______________________________ WERDEN.

JETZT BIN ICH SCHON ______________________________ CM GROSS.

ICH HABE ______________________________ HAARE UND ______________________________ AUGEN.

MEINE LIEBLINGSFARBE IST ______________________________

UND MEINE HOBBIES SIND ______________________________

______________________________ .

MEIN GEBURTSTAG IST AM ______________________________ .

DAS SIND MEINE
FREUNDE

HIER KANN DEIN FREUND
ODER DEINE FREUNDIN
EIN FOTO VON SICH EINKLEBEN.

VIELLEICHT HABT IHR JA SOGAR EINS,
AUF DEM IHR ZUSAMMEN DRAUF SEID?

MEIN NAME IST ______________________________ ,

ABER ALLE NENNEN MICH ______________________________ .

WENN ICH GROSS BIN, WILL ICH ______________________________ ,

______________ ODER ______________ WERDEN.

JETZT BIN ICH SCHON ______________ CM GROSS.

ICH HABE ______________ HAARE UND ______________ AUGEN.

MEINE LIEBLINGSFARBE IST ______________________________

UND MEINE HOBBIES SIND ______________________________

______________________________ .

MEIN GEBURTSTAG IST AM ______________________________ .

DAS SIND MEINE
FREUNDE

HIER KANN DEIN FREUND
ODER DEINE FREUNDIN
EIN FOTO VON SICH EINKLEBEN.

VIELLEICHT HABT IHR JA SOGAR EINS,
AUF DEM IHR ZUSAMMEN DRAUF SEID?

MEIN NAME IST ,

ABER ALLE NENNEN MICH .

WENN ICH GROSS BIN, WILL ICH ,

ODER WERDEN.

JETZT BIN ICH SCHON CM GROSS.

ICH HABE HAARE UND AUGEN.

MEINE LIEBLINGSFARBE IST

UND MEINE HOBBIES SIND

.

MEIN GEBURTSTAG IST AM .

DAS SIND MEINE

FREUNDE

HIER KANN DEIN FREUND
ODER DEINE FREUNDIN
EIN FOTO VON SICH EINKLEBEN.

VIELLEICHT HABT IHR JA SOGAR EINS,
AUF DEM IHR ZUSAMMEN DRAUF SEID?

MEIN NAME IST ,

ABER ALLE NENNEN MICH .

WENN ICH GROSS BIN, WILL ICH ,

ODER WERDEN.

JETZT BIN ICH SCHON CM GROSS.

ICH HABE HAARE UND AUGEN.

MEINE LIEBLINGSFARBE IST

UND MEINE HOBBIES SIND

.

MEIN GEBURTSTAG IST AM .

DAS SIND MEINE
FREUNDE

HIER KANN DEIN FREUND
ODER DEINE FREUNDIN
EIN FOTO VON SICH EINKLEBEN.

VIELLEICHT HABT IHR JA SOGAR EINS,
AUF DEM IHR ZUSAMMEN DRAUF SEID?

MEIN NAME IST ,

ABER ALLE NENNEN MICH .

WENN ICH GROSS BIN, WILL ICH ,

ODER WERDEN.

JETZT BIN ICH SCHON CM GROSS.

ICH HABE HAARE UND AUGEN.

MEINE LIEBLINGSFARBE IST

UND MEINE HOBBIES SIND

.

MEIN GEBURTSTAG IST AM .

DAS SIND MEINE FREUNDE

HIER KANN DEIN FREUND
ODER DEINE FREUNDIN
EIN FOTO VON SICH EINKLEBEN.

VIELLEICHT HABT IHR JA SOGAR EINS,
AUF DEM IHR ZUSAMMEN DRAUF SEID?

MEIN NAME IST ________________________________ ,

ABER ALLE NENNEN MICH ________________________ .

WENN ICH GROSS BIN, WILL ICH _________________ ,

________________ ODER ________________ WERDEN.

JETZT BIN ICH SCHON ________________ CM GROSS.

ICH HABE ________________ HAARE UND ________________ AUGEN.

MEINE LIEBLINGSFARBE IST ______________________

UND MEINE HOBBIES SIND ________________________

____ .

MEIN GEBURTSTAG IST AM _______________________ .

DAS SIND MEINE FREUNDE

HIER KANN DEIN FREUND
ODER DEINE FREUNDIN
EIN FOTO VON SICH EINKLEBEN.

VIELLEICHT HABT IHR JA SOGAR EINS,
AUF DEM IHR ZUSAMMEN DRAUF SEID?

MEIN NAME IST ,

ABER ALLE NENNEN MICH .

WENN ICH GROSS BIN, WILL ICH ,

ODER WERDEN.

JETZT BIN ICH SCHON CM GROSS.

ICH HABE HAARE UND AUGEN.

MEINE LIEBLINGSFARBE IST

UND MEINE HOBBIES SIND

.

MEIN GEBURTSTAG IST AM .

DAS SIND MEINE
FREUNDE

HIER KANN DEIN FREUND
ODER DEINE FREUNDIN
EIN FOTO VON SICH EINKLEBEN.

VIELLEICHT HABT IHR JA SOGAR EINS,
AUF DEM IHR ZUSAMMEN DRAUF SEID?

MEIN NAME IST ,

ABER ALLE NENNEN MICH .

WENN ICH GROSS BIN, WILL ICH ,

ODER WERDEN.

JETZT BIN ICH SCHON CM GROSS.

ICH HABE HAARE UND AUGEN.

MEINE LIEBLINGSFARBE IST

UND MEINE HOBBIES SIND

.

MEIN GEBURTSTAG IST AM .

DAS SIND MEINE
FREUNDE

HIER KANN DEIN FREUND
ODER DEINE FREUNDIN
EIN FOTO VON SICH EINKLEBEN.

VIELLEICHT HABT IHR JA SOGAR EINS,
AUF DEM IHR ZUSAMMEN DRAUF SEID?

MEIN NAME IST ,

ABER ALLE NENNEN MICH .

WENN ICH GROSS BIN, WILL ICH ,

ODER WERDEN.

JETZT BIN ICH SCHON CM GROSS.

ICH HABE HAARE UND AUGEN.

MEINE LIEBLINGSFARBE IST

UND MEINE HOBBIES SIND

.

MEIN GEBURTSTAG IST AM .

DAS SIND MEINE
FREUNDE

HIER KANN DEIN FREUND
ODER DEINE FREUNDIN
EIN FOTO VON SICH EINKLEBEN.

VIELLEICHT HABT IHR JA SOGAR EINS,
AUF DEM IHR ZUSAMMEN DRAUF SEID?

MEIN NAME IST ,

ABER ALLE NENNEN MICH .

WENN ICH GROSS BIN, WILL ICH ,

ODER WERDEN.

JETZT BIN ICH SCHON CM GROSS.

ICH HABE HAARE UND AUGEN.

MEINE LIEBLINGSFARBE IST

UND MEINE HOBBIES SIND

.

MEIN GEBURTSTAG IST AM .

DAS SIND MEINE
FREUNDE

HIER KANN DEIN FREUND
ODER DEINE FREUNDIN
EIN FOTO VON SICH EINKLEBEN.

VIELLEICHT HABT IHR JA SOGAR EINS,
AUF DEM IHR ZUSAMMEN DRAUF SEID?

MEIN NAME IST ,

ABER ALLE NENNEN MICH .

WENN ICH GROSS BIN, WILL ICH ,

ODER WERDEN.

JETZT BIN ICH SCHON CM GROSS.

ICH HABE HAARE UND AUGEN.

MEINE LIEBLINGSFARBE IST

UND MEINE HOBBIES SIND

.

MEIN GEBURTSTAG IST AM .

DAS SIND MEINE
FREUNDE

HIER KANN DEIN FREUND
ODER DEINE FREUNDIN
EIN FOTO VON SICH EINKLEBEN.

VIELLEICHT HABT IHR JA SOGAR EINS,
AUF DEM IHR ZUSAMMEN DRAUF SEID?

MEIN NAME IST ________________________________,

ABER ALLE NENNEN MICH ________________________.

WENN ICH GROSS BIN, WILL ICH ________________________,

________________ ODER ________________ WERDEN.

JETZT BIN ICH SCHON ________________ CM GROSS.

ICH HABE ________________ HAARE UND ________________ AUGEN.

MEINE LIEBLINGSFARBE IST ________________________

UND MEINE HOBBIES SIND ________________________

____.

MEIN GEBURTSTAG IST AM ________________________.

DAS SIND MEINE
FREUNDE

HIER KANN DEIN FREUND
ODER DEINE FREUNDIN
EIN FOTO VON SICH EINKLEBEN.

VIELLEICHT HABT IHR JA SOGAR EINS,
AUF DEM IHR ZUSAMMEN DRAUF SEID?

MEIN NAME IST ,

ABER ALLE NENNEN MICH .

WENN ICH GROSS BIN, WILL ICH ,

ODER WERDEN.

JETZT BIN ICH SCHON CM GROSS.

ICH HABE HAARE UND AUGEN.

MEINE LIEBLINGSFARBE IST

UND MEINE HOBBIES SIND

.

MEIN GEBURTSTAG IST AM .

ES IST GESCHAFFT

HEUTE, AM ______________ WAR DER LETZTE SCHULTAG.

ICH FÜHLE MICH ______________.

DAS BESTE HEUTE WAR: ______________

IN DEN SOMMERFERIEN WERDE ICH ______________

______________.

KLEBE HIER EIN BILD VON DIR EIN,
WIE DU JETZT,
NACH DER 1 KLASSE AUSSIEHST!

2. KASSE
ICH KOMME !!!

DIE DEUTSCHE BIBLIOTHEK VERZEICHNET DIESE PUBLIKATION IN DER DEUTSCHEN NATIONALBIBLIOGRAFIE; DETAILLIERTE BIBLIOGRAFISCHE DATEN SIND IM INTERNET ÜBER HTTP://DNB.DNB.DE ABRUFBAR.

VERLAG: GO CRAZY HAPPY,
VERTRETEN DURCH: A. ZIGANN | PF 370 149 | 14131 BERLIN

DRUCK: TREDITION GMBH, AN DER STRUSBEK 10, 22926 AHRENSBURG, GERMANY

ISBN (PAPERBACK): 979-8676292997 AMZ
ISBN (HARDCOVER): 978-3-949996-04-7